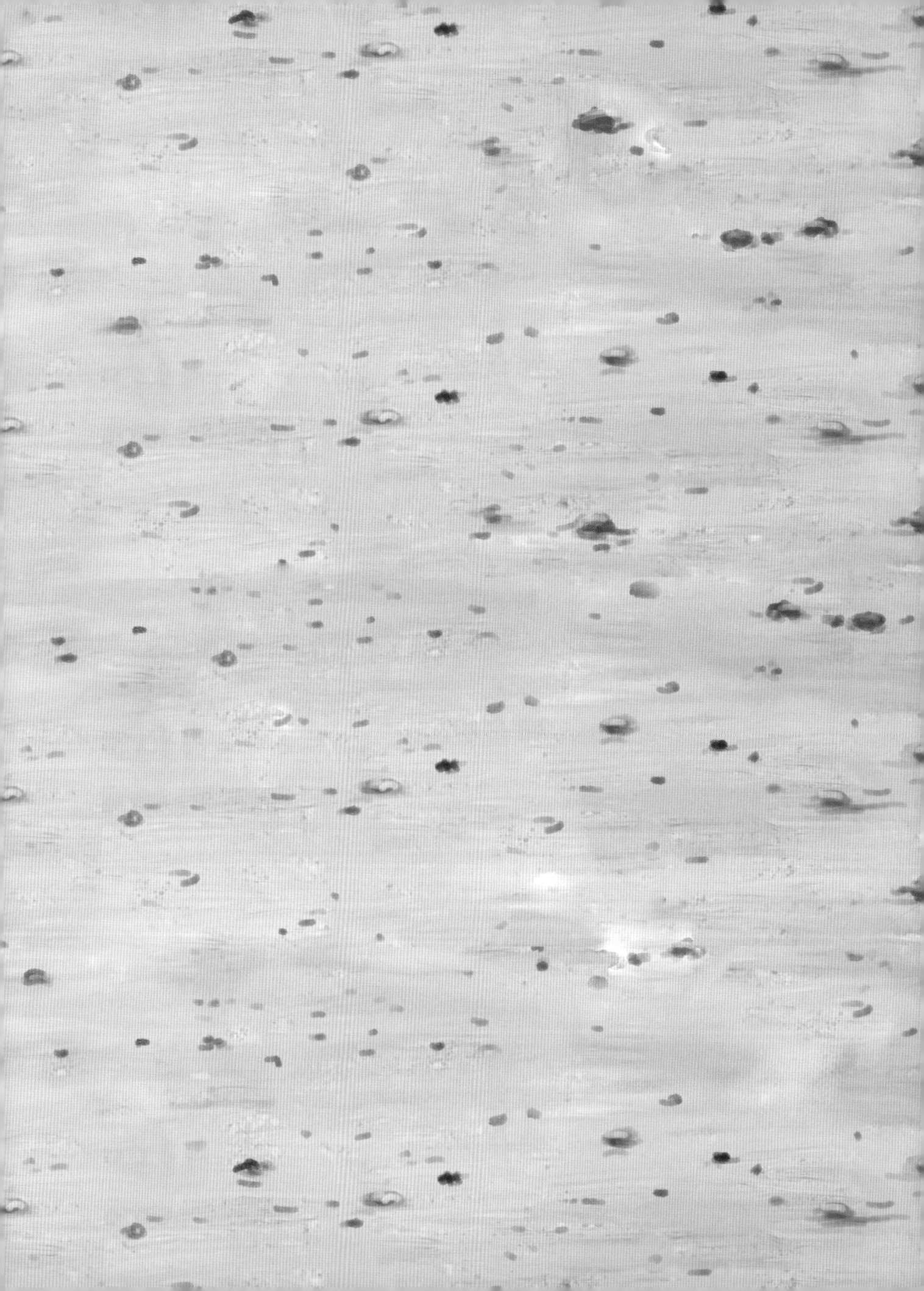

الطبعة العربية الأولى عام ٢٠١٩

دار جامعة حمد بن خليفة للنشر
صندوق بريد ٥٨٢٥
الدوحة، دولة قطر

www.hbkupress.com

حقوق نشر النص © جبر النعيمي، ٢٠١٩
الحقوق الفكرية للمؤلف محفوظة.

جميع الحقوق محفوظة.

لا يجوز استخدام أو إعادة طباعة أي جزء من هذا الكتاب بأي طريقة بدون الحصول على الموافقة الخطية من الناشر باستثناء في حالة الاقتباسات المختصرة التي تتجسد في الدراسات النقدية أو المراجعات.

الترقيم الدولي: ٩٧٨٩٩٢٧١٣٧٠٠٦

تمت الطباعة في الدوحة-قطر

مكتبة قطر الوطنية بيانات الفهرسة – أثناء – النشر (فان)

النعيمي، جبر، مؤلف.

من فأر إلى مارد / تأليف جبر النعيمي ؛ رسوم إينا أوغاندو.. الطبعة العربية الأولى. – الدوحة : دار جامعة حمد بن خليفة للنشر، 2019.

صفحة ؛ سم

تدمك: 978-992-713-700-6

1. التنمر في المدارس -- قصص للأطفال. 2. قصص الأطفال العربية. أ. أوغاندو، إينا، رسام. ب. العنوان.

PZ10.731 .N35 2019

892.737 – dc23

201927288419

من فأر إلى مارد

تأليف: جبر النعيمي

رسوم: إينا أوغاندو

دار جامعة حمد بن خليفة للنشر
HAMAD BIN KHALIFA UNIVERSITY PRESS

كانَ حمدٌ صبيًّا وديعًا، يحبُّ الذهابَ إلى المدرسةِ، واللعبَ معَ أولادِ الحيِّ، ولكنَّهُ تغيَّرَ حينَ انتقلَ مع عائلتِهِ إلى حيٍّ جديدٍ ومدرسةٍ جديدةٍ.

والسببُ هو دمدوم.

دمدوم ولدٌ عنيفٌ وشرسٌ، يُضايقُ جميعَ أولادِ الحيِّ الصغارِ. وقد شكَّلَ عصابةً من الأولادِ ينفِّذونَ أوامرَهُ المؤذيةَ.

في غيابِ المدرِّسينَ وأهلِ الحيِّ، كان دمدوم يصرخُ في حمدٍ: «تعالَ هنا أيُّها الفأرُ!».

خوفًا من دمدوم وعصابتِهِ، كانَ حمدٌ يُعطيهم مالَهُ وألعابَهُ.

يمسكُ دمدوم حمدًا من قبَّةِ قميصِهِ، ويقولُ لهُ: «إذا أخبرتَ أحدًا سأضربُكَ».

عـاشَ حمـدٌ في حـزنٍ ورعـبٍ،
وبـات يتـصرَّف كالفـأرِ؛ يسـيرُ وهـو يرتعـدُ في محـاذاةِ الجـدرانِ،
ويتلفَّـتُ كثـيرًا ليختبـئَ بسرعـةٍ حـينَ يـرى دمـدوم وعصابتَـهُ.

سـألَهُ والـدُهُ عـن سـببِ حزنـهِ، فأجـابَ: «أريـدُ العـودةَ إلى المدرسـةِ والحـيِّ القديمـين، حيـثُ أصدقائـي».

أبو حمد: «ولِمَ لا تصادقُ أصحابًا جددًا هُنا؟».

قـالَ حمـدٌ بخجـلٍ: «أنـا أخـافُ كثـيرًا مـن ولـدٍ يلقِّبونَـهُ دمـدوم، فهـو يأخـذُ مـصروفي ويضربُنـي إذا لم أُطـعْ أوامـرَهُ». دمعـتْ عينـا حمـدٍ، فتعاطَـفَ والـدُهُ معـهُ وضمَّـهُ إلى صـدرِهِ.

طمـأنَ الأبُ ابنـهُ قائلًا: «سأقابلُ غـدًا مديـرَ المدرسـةِ ليوقـفَ دمـدوم عـندَ حـدِّهِ».

شرحَ والدُ حمدٍ لمديرِ المدرسةِ ما يحدثُ، فتحسَّنَ سلوكُ دمدوم لفترةٍ، ولكنَّهُ سرعانَ ما عادَ إلى شراستِهِ.

تعبَ والدُ حمدٍ من التشكِّي للمدير، فبدأ يحثُّ ابنهُ على الدفاع عن نفسهِ بنفسهِ: «في طفولتي لم يجرؤ أحدٌ على الإستقواءِ عليَّ، لأنِّي كنتُ قويًّا وشجاعًا. وكما يقولُ المثلُ يا ولدي كشِّرْ عن أنيابك، الناس تهابك!».

حاولَ حمدٌ أن يكونَ مثلَ أبيهِ، ولكنَّ قلبَهُ كانَ يدقُّ بسرعةٍ حينَ يرى دمدوم، وإذا لم يستطعْ الهربَ كانَ يتقبَّلُ الإهاناتِ والضربَ، متمنِّيًا أن ينتهي الأمرُ بسرعةٍ.

يسألُهُ والدُهُ: «لماذا لم تدافعْ عن نفسِكَ؟».

يردُّ بحزنٍ: «لا أستطيعُ! لا أستطيعُ! أخافُ أن يزدادَ عنفًا إذا عاندتُهُ».

ذاتَ مساءٍ، دخلَ حمدٌ إلى البيتِ ليختبئَ من دمدوم الذي كانَ يُلاحقُهُ، فسمعَ ضجيجًا غيرَ مألوفٍ في إحدى غرفِ المنزلِ.

ارتفعتْ أصواتُ ضرباتٍ متكرِّرةٍ وفأرٍ خائفٍ. عندما نظرَ حمدٌ من النافذةِ، رأى شقيقَهُ عبد الله يطاردُ فأرًا، ويحاولُ أن يضربَهُ.

كانَ الفأرُ خائفًا جدًّا، يقفزُ حولَ الغرفةِ، في محاولاتٍ يائسةٍ لتجنُّبِ الضرباتِ.

دخلَ الفأرُ الحمَّامَ، فتبعهُ عبد الله بحماسةٍ، وهو يقولُ: «ها قد حاصرتُكَ! قُضي عليكَ الآنَ!».

لم يتمكَّنْ حمدٌ من رؤيةِ ما يحدثُ داخلَ الحمَّامِ.

فجـأةً، سـمعَ شـقيقَهُ يـصرخُ: «آي! آي!».
ثمَّ لم يصدِّقْ ما رآهُ بعينيهِ!

خـرجَ عبـد الله راكضًـا مـن الحـمّامِ والفـأرُ خلفَـهُ، يطـاردُهُ مكـشِّرًا عـن أسـنانِهِ.

كانَ الفـأرُ غاضبًا، ويُصـدرُ صـوتًا مخيفًا، ثـمَّ قفـزَ محـاولًا عـضَّ سـاقِ عبد الله.

طـاردَ الفـأرُ عبـد الله حـولَ الغرفـةِ مـرارًا، حتَّـى فتـحَ الولـدُ البـابَ وخـرجَ.
تبعهُ الفأرُ، ثمَّ انزلقَ إلى جُحرهِ تحتَ جدارِ فناءِ البيتِ.

شعرَ حمدٌ بالارتياحِ لنجاةِ الفأرِ.

بعـد أن هـدأ روعُ عبـد الله، شرح للعائلـةِ مـا حـدثَ: «عندمـا حصرتُ الفـأرَ في الزاويـةِ، تحـوَّلَ فجـأةً إلى شيءٍ آخـر، نفـضَ وبرَ جسـمهِ وأبرزَ مخالبَـهُ وكـشَّرَ عن أسنانِهِ، ثـمَّ قفزَ نحوَ سـاقي يُريـدُ عضَّهـا. لم أصدِّقْ مـا حـدثَ. كنتُ خائفًا جدًّا وهربـتُ مـن الحـمَّـامِ. وازدادَ خـوفي أكثر حـينَ طـاردني حـولَ الغرفةِ».

ضحكـتِ الأمُّ ثـمّ شرحَـتْ لولديهـا: «يتحـوَّلُ الضعفـاءُ إلى كائنـاتٍ شـجاعةٍ جـدًّا ومخيفـةٍ حـينَ تتعـرَّضُ للحصـارِ. عندمـا تحاصرُ كائنًـا تظهـرُ عليـهِ قـوَّةٌ لا نتوقَّعُهـا».

تأثَّرَ حمَدُ بهذا الكلامِ، وفكَّرَ فيه كثيرًا: «هل سأتحوَّلُ إلى ولدٍ قويٍّ وشجاعٍ إذا حُشرتُ في زاويةٍ؟ إذا واجهتُ دمدوم هلْ سأتحوَّلُ من فأرٍ جبانٍ إلى ولدٍ شجاعٍ يُدافعُ عن نفسِهِ؟».

بعدَ تفكيرٍ، توصَّلَ حمَدُ إلى قرارٍ: «عليَّ مواجهةُ دمدوم في مكانٍ لا فرارَ منهُ، وقد أصيرُ شجاعًا وقادرًا على مواجهتِهِ ومطاردتِهِ، كما فعلَ الفأرُ».

كلَّما تخيَّلَ نفسَهُ وهو يُخيفُ من يستقوي عليهِ، كلَّما تأكَّدَ من نجاحِهِ في الخطَّةِ، فقدْ رآها بعينيهِ، وسمعَ كلامَ أمِّهِ بأذنيهِ.

علـى مـدى ثلاثـةِ أسـابيعَ، كان يتخيَّلُ نفسـهُ يركـضُ هاربًا من دمـدوم، وهو يطـارِدُهُ في زقـاقٍ مسـدودٍ، وإذ يسـتديرُ عنـدَ نهايـةِ الزقـاقِ، يتحـوَّلُ إلى ماردٍ ضخـمٍ ومخيـفٍ. يتخيَّـلُ الخـوفَ والدهشـةَ في عينـيِّ مطـاردِهِ، ويـراهُ يفرُّ من أمامِـهِ. واظبَ على تكرارِ السـيناريو نفسِـهِ، حتَّى بدأَ يشـعرُ بأنَّـهُ حدثَ فعلًا.

في أحدِ الأيَّامِ، جلَس حمُد عندَ مدخلِ زقاقٍ يسلكُهُ دمدوم وعصابتُهُ.

لم ينتظرُ طويلًا حتَّى جاءتِ العصابةُ. أشارَ دمدوم بإصبعهِ إلى حمدٍ. هزَّ حمدٌ رأسهُ بالرفضِ. غضبَ دمدوم واتَّجهَ نحوهُ.

خافَ حمدٌ. استدارَ نحوَ الزقاقِ، وركضَ بكلِّ قوَّتِهِ، فركضَ دمدوم خلفَهُ.

خافَ حمدٌ وندِمَ لأنَّهُ قصدَ هذا الزقاقَ.

وصلَ حمدٌ إلى نهايةِ الزقاقِ. أمامهُ طريقٌ مسدودٌ وخلفَهُ دمدوم.

ماذا سيفعلُ الآنَ؟ سيضربهُ دمدوم وقد يُدميهِ. استدارَ نحوهُ، وحدثَ ما لا يُصدَّقُ.

تحوَّلَ خوفُهُ إلى غضبٍ عظيمٍ، لم يشعرْ بهِ من قبلُ.

صرخَ حمدٌ صراخًا غريبًا، بعثَ الرعبَ في قلبِ دمدوم، ثمَّ رفعَ ذراعيهِ عاليًا وهجمَ بأصابعِ يديهِ نحوهُ. تراجعَ دمدوم مصدومًا وخائفًا. صرخَ حمدٌ مجدَّدًا، فذُعرَ دمدوم، وهربَ صائحًا: «مجنون! جُنَّ حمدٌ! ابتعدوا عنهُ!»..

كرَّرَ دمدوم صيحاتِهِ وهو يفرُّ من الزقاقِ وحمدٌ يُطارِدُهُ.

دُهشتِ العصابةُ عندما رأتِ الروعَ على وجهِ قائدِها، ورأتْ وجهَ حمدٍ الغاضبَ المحتقنَ وهيئتَهُ المخيفةَ.

كرَّرَ الجميعُ: «جُنَّ حمدٌ! ابتعدوا عنهُ!»، ثمَّ ركضوا هاربين في كلِّ اتِّجاهٍ.

لم يكترثْ حمدٌ لهمْ، تابعَ اللَّحاقَ بدمدوم حتَّى أدخلَهُ إلى منزلِهِ.

مرضَ دمدوم، وغابَ عن المدرسةِ بضعةَ أيَّامٍ.

أخبرَ حمدٌ والدَهُ بما حدثَ، فذهبَا لعيادةِ دمدوم.

اعتذرَ دمدوم عمَّا فعلَهُ بحمدٍ، فاعتذر حمدٌ بدورهِ، وأخبرَهُ بقصَّةِ الفأرِ مع أخيهِ.

ضحكَ الولدانِ واتَّفقا أن يُصبحا صديقين، وألَّا يستقوي أحدُهما على الآخرِ.

منذَ ذلكَ اليومِ، صارَ حمدٌ يمشي مرفوعَ الرأسِ، ومن دونِ خوفٍ، بعيدًا عن جدرانِ المدرسةِ والحيِّ التي كان يلتصقُ بها. وتوقَّفَ دمدوم ورفاقُهُ عن مناداتِهِ بالفأرِ.

بينما هو يلعبُ في أزقَّةِ الحيِّ، كانَ حمْدٌ يبحثُ عن ذاكَ الفأرِ، لا ليلاحقَهُ بل ليشكرَهُ في قلبِهِ لأنَّهُ خلَّصهُ من خوفِهِ.